Inhalt

Branchenreport LEBENSMITTEL Ausgabe 2/2011

GENIOS BranchenWissen Nr. 11 vom 08.11.2011

Branchenreport LEBENSMITTEL Ausgabe 2/2011

Markus Hofstetter

Kernthesen

- Die deutsche Ernährungsindustrie ist im ersten Halbjahr 2011 vor allem durch Preissteigerungen gewachsen.
- Das erste Mal seit Jahren hat sich der deutsche Bierabsatz erhöht.
- Der deutsche Tabakwarenmarkt hat die Steuererhöhung entgegen den Erwartungen gut überstanden.
- Der deutsche Lebensmitteleinzelhandel verzeichnete in den ersten sechs Monaten 2011 ein leichtes Umsatzwachstum, das allerdings von der Preisentwicklung getrieben wurde.

Beitrag

Ernährungsindustrie wächst durch Preissteigerungen

Die deutsche Ernährungsindustrie erzielte nach Angaben der Bundesvereinigung der Deutschen Ernährungsindustrie (BVE) im ersten Halbjahr 2011 einen Branchenumsatz von 81 Milliarden Euro. Dies entspricht einem Zuwachs von zehn Prozent gegenüber dem Vorjahreszeitraum. Preis- und saisonbereinigt lag das Plus jedoch nur bei um drei Prozent.

Das Umsatzwachstum ging laut BVE vor allem auf Preissteigerungen im zweiten Quartal 2011 zurück. Viele Unternehmen hatten in den vergangenen Monaten auf Grund von gestiegenen Agrarrohstoffkursen Preisaufschläge für ihre Erzeugnisse erhoben. Im Juli sind die Weltmarktpreise für Agrarrohstoffe zwar leicht zurückgegangen. Dennoch sei die Situation weiter angespannt, so der BVE, da die Rohstoffpreise im Durchschnitt um knapp 50 Prozent über dem Niveau des Vorjahres liegen. Ebenso ist im Inland die Rohstoffsituation weiter angespannt. Denn aufgrund der Trockenheit im Frühjahr und des starken Regens im Sommer ist mit niedrigeren Ernteerträgen zu rechnen.

Gut ein Viertel des Branchenumsatzes, das sind 23 Milliarden Euro, machte der Export von Lebensmitteln aus. Dies entspricht einem Plus von 14 Prozent im Vergleich zum Vorjahreszeitraum. Rund ein Fünftel der Nahrungsmittelexporte heimischer Unternehmen ging in Drittländer, vor allem nach Russland, in die USA und die Schweiz.

Die Aussichten für den privaten Konsum 2011 bezeichnete der BVE als nach wie vor zufriedenstellend. Das Geschäftsklima in der Ernährungsindustrie ist stabil. Von der internationalen Euro- und Schuldenkrise haben sich die Verbraucher bisher nur wenig verunsichern lassen. (1), (2), (3), (4), [Abb. 1]

Bierabsatz leicht gestiegen

Die Menschen in Deutschland trinken wieder etwas mehr Bier. Im ersten Halbjahr 2011 setzten die in Deutschland ansässigen Brauereien und Bierlager laut dem Statistischen Bundesamt (Destatis) rund 49,5 Millionen Hektoliter ab. Dies entspricht einem Prozent oder 0,5 Millionen Hektoliter mehr als im Vorjahreszeitraum. Der Inlandsabsatz stieg um 0,2

Prozent auf 41,4 Millionen Hektoliter. Steuerfrei gingen insgesamt 8,1 Millionen Hektoliter in den Export, das Wachstum betrug hier 5,3 Prozent, und als sogenannter Haustrunk an die Beschäftigten von Brauereien.

Dies ist eine gute Nachricht für die Brauwirtschaft. Denn 2010 war der Bierabsatz erstmals unter 100 Millionen Hektoliter gesunken. So ist es kein Wunder, dass im letzten Jahr der Pro-Kopf-Verbrauch von Bier auf den historischen Tiefstand von 101,8 Litern gesunken war. Der nachlassende Bierdurst der Verbraucher betrifft inzwischen fast alle Sorten. Der einzige Lichtblick in puncto Absatz waren 2010 die alkoholfreien Biere mit einem Plus von rund 14 Prozent. Der Gesamtausstoß für alkoholfreies Bier lag 2010 in Deutschland bei etwa 3,3 Millionen Hektoliter. (5), (6), (17)

Verbraucher- und Supermärkte profitieren vom gestiegenen Wasserabsatz

Alkoholfreie Durstlöscher konnten 2010 sowohl beim Absatz ein Wachstum von 2,6 Prozent auf 22,9 Milliarden Liter aufweisen, als auch beim Umsatz um 3,6 Prozent auf 10,7 Milliarden Euro zulegen. Einen neuen historischen Höchststand erreichte laut der Wirtschaftsvereinigung Alkoholfreie Getränke (Wafg) auch der Pro-Kopf-Verbrauch mit 118,2 Liter.

Knapp 54 Prozent des Gesamtvolumens von Alkoholfreien Getränken (AfG) entfallen auf Wasser, inklusive aromatisiertem Wasser. Insgesamt setzte der Handel von April 2010 bis März 2011 rund 12,4 Milliarden Liter ab. Das ist ein Plus von 1,7 Prozent gegenüber dem Vorjahreszeitraum. Damit verlangsamte sich das Wachstum, wozu auch die geringeren Werbeausgaben beigetragen haben dürften. Beeindruckender sind die Zahlen bezogen auf das erste Halbjahr 2011. Die Wasserhersteller verzeichneten im ersten sechs Monaten Umsatzsteigerungen von 5,5 Prozent und ein Absatzplus von 3,1 Prozent.

Vor allem stilles Mineralwasser mit plus 6,9 Prozent sowie Mineralwasser mit wenig Kohlensäure mit plus 5,6 Prozent trieben das Wachstum an. Beide Segmente zusammen halten inzwischen einen Anteil von rund 57 Prozent am Wassermarkt (ohne Wasser mit Geschmack). Der Marktanteil von Mineralwasser mit CO2 sank absatzbezogen um mehr als zwei auf 41 Prozent, das Volumen verminderte sich um 3,5 Prozent.

Die Verbraucher- und Supermärkte profitierten vom

Absatzwachstum im Wassermarkt. In den ersten 13 Wochen 2011 erhöhte sich der Wasserabsatz in großen Supermärkten um 12,5 Prozent, in den kleinen Verbrauchermärkten um 6,6 Prozent. Im Discount herrschte dagegen mit plus 0,7 Prozent Stagnation. (7), (8), [Abb. 2]

Tabakmarkt verkraftet Steuererhöhung

Der Tabakwarenmarkt hat den steuerbedingten Preisschritt bei Zigaretten und Feinschnitt im Mai 2011 bisher überraschend gut verkraftet. Im August 2011 lieferten die Hersteller insgesamt 7 513 Milliarden Zigaretten an den deutschen Handel aus. Das waren 5,1 Prozent mehr als im Vergleichsmonat des Vorjahres. Für den Zeitraum Januar bis August 2011 kumuliert bezifferten sich die Auslieferungen bei den Fabrikzigaretten gesamt auf 56 154 Milliarden Stück, dies entspricht einem Wachstum von 0,5 Prozent. Hiervon waren 49 191 Milliarden Stück Industriemarkenzigaretten, die entspricht plus 0,6 Prozent, und 6 963 Milliarden Stück Handelsmarken, dies ist ein Minus von 0,3 Prozent.

An Tabaksträngen wurden im August 2011 nur noch Restbestände von 14 Millionen versteuerten Stück ausgeliefert; in den ersten acht Monaten waren es 464

Millionen. Ein deutliches Plus war beim Feinschnitt zu verzeichnen, dessen Auslieferungsvolumen sich im August 2011 um 9,9 Prozent auf 2 311 Tonnen erhöhte. Für den Zeitraum Januar bis August 2011 kumulierten sich die Feinschnittauslieferungen um 3,7 Prozent auf 17 539 Tonnen. Leicht im Plus war das Segment der Ecocigarillos. Im August 2011 wurden 258 Millionen Stück mehr ausgeliefert, ein Plus von 2,4 Prozent. Im Acht-Monats-Zeitraum waren es 1,925 Milliarden Stück, dies war ein Plus von 3,1 Prozent.

Die deutschen Zigarettenkonsumenten bevorzugen in immer stärkerem Maße Großpackungen. Im ersten Halbjahr 2011 entfielen nur noch 49 Prozent der Zigarettenverkäufe auf die Originalpackung, 51 Prozent des Absatzes erfolgte über Großpackungen. Der Anteil der Big Packs erhöhte sich leicht auf 40,6 Prozent. Vor allem die Maxi Packs legten stark zu. Ihr Anteil stieg von 7,9 auf 10,4 Prozent. Dabei spielte auch eine Rolle, dass die Maxi-Pack-Angebote inzwischen auf nahezu alle größeren Marken ausgedehnt wurden. (9), (10)

Die Fleischriesen erobern die Lieferantenrankings

Die wichtigsten Lieferanten im deutschen Lebensmittel- und Getränkemarkt waren 2010 die

Oetker-Gruppe mit einem Umsatz von rund 9,46 Milliarden Euro (plus 18,9 Prozent), gefolgt vom Südzucker Konzern mit 6,16 Milliarden Umsatz (plus 7,7 Prozent). Rang drei ging an den Schweine- und Rinderschlachter Tönnies aus Rheda-Wiedenbrück, der 2010 ein Umsatzvolumen von 4,3 Milliarden Euro auswies, gefolgt von Vion Food Germany (Düsseldorf), dessen Gesamtumsätze sich auf 3,7 Milliarden Euro beliefen. Nestlé Deutschland konnte in 2010 rund 3,45 Milliarden Umsatz verbuchen, es folgte Tchibo mit rund 3,4 Milliarden Euro. Procter & Gamble Deutschland wies 2,9 Milliarden Euro aus und die Cobana-Fruchtring-Gruppe 2,3 Milliarden Euro. Die PHW-Gruppe mit bekannten Unternehmen wie Lohmann & Co. und Wiesenhof erzielte einen Umsatz von 2,1 Milliarden Euro und eroberte als dritter Fleischriese die Top-Ten. Auf Rang zehn büßte Unilever Deutschland mit rund 2 Milliarden Euro leicht an Umsatz ein (minus 4,5 Prozent). (20), (21)

Der weltgrößte Nahrungsmittelkonzern war 2010 wieder der Schweizer Nestlé Konzern, der seinen weltweiten Umsatz um vier Prozent auf 104,6 Milliarden Schweizer Franken (rund 88,5 Milliarden Euro) steigern konnte.

Lebensmitteleinzelhandel mit

geringem Wachstum

Der Lebensmitteleinzelhandel kam im ersten Halbjahr 2011 trotz Dioxin-Eier und die Ehec-Krise auf ein Umsatzplus von 1,9 Prozent. Das Wachstum wurde allerdings auch von der Preisentwicklung getrieben. Statistiker gehen bei Nahrungsmitteln von einer Inflationsrate von rund 1,4 Prozent im ersten Halbjahr aus. Gemessen daran entpuppt sich das Wachstum von 1,9 Prozent nur als leichtes Plus.

Wie haben sich die einzelnen Vertriebslinien entwickelt? Die Vollsortimenter wuchsen um 2,8 Prozent. Edeka lag im Segment Lebensmittel mit rund 4,7 Prozent über dem Durschnitt. Die Rewe-Märkte erzielten nach Branchenschätzung ein Plus im hohen einstelligen Bereich. Tengelmann erreichte ein Umsatzplus von rund zwei Prozent. Real büßte 1,6 Prozent Umsatz ein, da sie acht Standorte abgab. Flächenbereinigt fiel ein leichtes Plus von 0,4 Prozent an. Globus fuhr im ersten Halbjahr ein Umsatzplus von 4,9 Prozent ein. Ohne Tankstellen fiel flächenbereinigt ein Zuwachs von 1,5 Prozent an.

Damit konnten die Discounter nicht mithalten. Sie legten um 1,5 Prozent und somit nur knapp über Inflationsniveau zu. Einzig Netto verzeichnete mit plus 4,7 Prozent ein überdurchschnittliches Wachstum; dieses wurde jedoch von der Expansion getrieben. (15), [Abb. 3]

Lebensmitteleinzelhandel entsorgt weniger als die Verbraucher

Der Lebensmitteleinzelhandel hat einen vergleichbar geringen Anteil an der Verschwendung von Lebensmitteln. 1,1 Prozent aller bezogenen Nahrungsmittel gehen nach einer Studie des EHI Retail Institutes im Lebensmitteleinzelhandel durch Beschädigung, Verderb oder abgelaufenes Mindesthaltbarkeitsdatum verloren. Insgesamt werden so auf Händlerebene pro Jahr rund 310 000 Tonnen Nahrungsmittel im Wert von etwa 1,2 Milliarden Euro weggeworfen. Das sind durchschnittlich 25 Kilogramm Lebensmittel je Verkaufsstelle und Verkaufstag oder knapp vier Kilogramm im Jahr pro Verbraucher im Wert von knapp 15 Euro. Damit liegt der Verlust im Lebensmitteleinzelhandel deutlich unter den Mengen, die von Verbrauchern selbst entsorgt werden. Eine Studie des Folienherstellers Cofresco beziffert die Menge der durch Verbraucher jährlich vernichteten Lebensmittel auf 80 Kilogramm pro Kopf im Warenwert von 310 Euro. Das sind rund 6,6 Millionen Tonnen pro Jahr. (14)

Bio landet wieder öfter in den Einkaufswägen

Die Verbraucher in Deutschland greifen wieder vermehrt zu Bioprodukten. Im ersten Halbjahr 2011 stieg der Umsatz von Bioprodukten im Lebensmitteleinzelhandel inklusive Drogeriemärkte um knapp zehn Prozent auf gut 1,2 Milliarden Euro. Das Mengenwachstum hielt mit einem Plus von 8,8 Prozent nahezu Schritt. Bezogen auf die Food-Warengruppen, in denen Bioprodukte angeboten werden, erhöhte Bio seinen Umsatzanteil auf knapp 3,3 Prozent. Ein Teil des Wachstums hing mit dem erneuten Ausbau des Biosortiments im Discountbereich zusammen, der ein Drittel der abgesetzten Mengen verkauft. Doch auch im klassischen Lebensmittelhandel und in den Drogeriemärkten erreichten Bioprodukte teilweise zweistellige Wachstumsraten.

Allerdings profitierten nicht alle Biowaren von dem Wachstum. Babynahrung, das umsatzstärkste Segment des Biomarktes, verzeichnete einen leichten Rückgang. Auch zu Biotiefkühlkost sowie Gesundheits- und Fitnessprodukten griffen die Verbraucher seltener. Zweistellige Zuwachsraten gab es dagegen bei Biogetränken. (11), (12), (13)

Verbraucher tragen zur Lebensmittelqualität bei

Die Ergebnisse einer Studie des SGS Institut Fresenius zeigen, dass sich die Verbraucher ihrer Rolle bei der Verbesserung der Lebensmittelqualität in Deutschland bewusst sind. Für 71 Prozent der Befragten sind die Verbraucher selber eine der wichtigsten Instanzen. Nur den staatlichen Kontrollbehörden, wie beispielsweise Ämtern für Lebensmittelüberwachung, räumen sie mit 73 Prozent geringfügig mehr Einfluss ein. Bei der Einschätzung, wie groß ihr Einfluss für eine bessere Lebensmittelqualität tatsächlich ist, sind die Konsumenten aber vorsichtiger. Die Hälfte sieht einen "sehr großen" oder "eher großen" Verbrauchereinfluss. Die andere Hälfte spricht den Verbrauchern einen eher geringen oder sehr geringen Einfluss zu.

Kaufverweigerung halten die Verbraucher für die effektivste Möglichkeit, um zu einer besseren Lebensmittelqualität beizutragen. 82 Prozent gaben an, dass es am besten ist, Produkte nicht mehr zu kaufen, wenn sie selbst schlechte Erfahrungen damit gemacht haben. Immerhin 65 Prozent sind der Meinung, dass es hilft, sich beim Händler zu beschweren, und knapp die Hälfte findet die

Reklamation beim Lebensmittelhersteller als gute Möglichkeit. (16), [Abb. 4]

Trends

Smarte Verpackungen machen Lebensmittel sicherer

Lager- und Transporttemperaturen haben starken Einfluss auf die Frische und Qualität von Lebensmitteln. Studien zufolge werden 35 Prozent der leichtverderblichen Lebensmittel auf dem Weg zum POS entsorgt. Denn immer wieder treten kurzzeitig Temperaturschwankungen an Übergabestellen, bei Mischtransporten, durch Sonneneinwirkung oder beim Verräumen in Theken auf. Dies bleibt vielfach unbemerkt, weil ein übergreifendes Temperatur-Monitoring nicht stattfindet. Temperatur-Zeit-Indikatoren (TTIs) bringen hier eine deutliche Verbesserung. TTIs sind Etiketten, die sich temperatur- und zeitabhängig verfärben. Der Farbwert zeigt die Güte der Kühlkette an und gibt damit Aufschluss über Zustand und Haltbarkeit. Prinzipiell beruhen sie auf mikrobiologischen, chemischen, physikalischen oder enzymatischen Reaktionen, die am Prozessbeginn unterschiedlich initiiert werden. (18)

Tante Emmas Enkel kommen

Nachhaltigkeit, Umwelt- und Ressourcenschonung werden nach Angaben des Bundesverbands des Deutschen Lebensmittelhandels (BVL) das Verbraucherverhalten immer stärker beeinflussen. So sind Nähe und Regionalisierung Trends, die die Wiederentdeckung von Kleinflächenkonzepten sowohl auf dem Land als auch in der Stadt beflügeln werden. Die Mini-Supermärkte zeichnen sich dadurch aus, dass sie den Verbrauchern einen schnellen und bequemen Einkauf in der Nähe ermöglichen. Kundenfreundliche Dienstleistungen, ein breitgefächertes und vielfältiges Warenangebot mit einem hohen Anteil regionaler Produkte und gute Erreichbarkeit zählen zu den Stärken solcher Geschäftstypen. (19)

Zahlen & Fakten

Abbildung 1: Kennzahlen der Ernährungsindustrie

Konjunkturdaten der Ernährungsindustrie		
	Januar - September 2011*	**2010**
Umsatz nominal	**122,0 Mrd.¬ (+9,0%)**	**149,5 Mrd.¬ (+1,2%)**
davon Inland	88,1 Mrd. ¬ (+8,1%)	106,6 Mrd. ¬ (-1,8%)
davon Ausland	33,9 Mrd. ¬ (+11,5%)	42,9 Mrd. ¬ (+9,2%)
Reale Umsatzentwicklung	+2,4%	-0,2%
Auslandsanteil am Umsatz	28%	28,7%
Betriebe	5 900	5 900
Beschäftigte	544 000	544 000
Erzeugerpreise Ernährungsindustrie**	+6,3%	+0,8%
Verbraucherpreise Nahrungsmittel und alkoholfreie Getränke***	+3,0%	+1,4%

* vorläufige Schätzung ** Angabe für 2011: August 2011 gegenüber Vorjahresmonat *** Angabe für 2011: Juli 2011 gegenüber Vorjahresmonat Veränderungen gegenüber dem Vorjahr in Klammern Quelle: Statistische Bundesamt, BVE Entnommen aus: www.bve.de

Abbildung 2: Absatzentwicklung Wasser* in den

Einkaufstättem (in Mio. Liter)

	MAT bis 13/2010**	**MAT** bis 13/2011**	**Veränderung in Prozent**
Discount gesamt	4 766,1	4 798,8	0,7
Verbrauchermarkt groß	1 882,5	1 944,5	3,3
Supermarkt groß	605,2	680,9	12,5
Supermarkt klein	202,1	202,4	0,1
Verbrauchermarkt klein	1 229,9	1 311,7	6,6
Drogeriemärkte	20,1	21,1	4,7
Getränkeabholmärkte (GAM)	2 588,3	2 543,6	1,7
LEH, DM, GAM	11 294,3	11 503,1	1,8

* ohne Wasser mit Geschmack ** Moving Annual Total - rollierendes Jahr Quelle: Nielsen Entnommen aus: Lebensmittel Zeitung, 22/2011, S. 32, (7)

Abbildung 3: Umsätze im Lebensmitteleinzelhandel ziehen an

Entnommen aus: Lebensmittel Zeitung, 31/2011, S. 6, (15)

Abbildung 4: Wie reagieren Verbraucher bei schlechter Qualität von Lebensmitteln?

Entnommen aus: Lebensmittel Zeitung, 34/2011, S. 47,

(16)

Weiterführende Literatur

(1) Ernährungsbranche mit Umsatzplus
aus agrarzeitung 32 vom 12.08.2011 Seite 003

(2) Zweistelliges Plus für Ernährungsbranche
aus Lebensmittel Zeitung 32 vom 12.08.2011 Seite 013

(3) Drittstaaten Umsatztreiber der deutschen Ernährungsindustrie
aus Agra-Europe (AgE), 52. Jahrgang Nr. 28 vom 11.07.2011

(4) Zweistelliges Umsatzplus
aus afz - allgemeine fleischer zeitung Nr. 32 vom 10.08.2011 Seite 002

(5) Die deutschen Verbraucher trinken einfach nicht mehr Bier
aus Rundschau für den Lebensmittelhandel Nr. 10 vom 01.10.2011 Seite 066

(6) Absatz in D 2010 weiter rückläufig
aus Food Service Nr.03 vom 11.03.2011 Seite 140

(7) Stabiler Pegelstand
aus Lebensmittel Zeitung 22 vom 03.06.2011 Seite 032

(8) Stimmungshoch in der AfG-Branche

aus Rundschau für den Lebensmittelhandel Nr. 10 vom 01.10.2011 Seite 064

(9) Zigaretten- und Feinschnittmarkt behaupten sich gut Absatz im August erfreulich stabil
aus Die Tabak Zeitung vom 16.09.2011, Nr. 037/2011

(10) Zigaretten: Anteil am Gesamtabsatz überspringt 50-Prozent-Marke Großpackungen auf dem Vormarsch
aus Die Tabak Zeitung vom 19.08.2011, Nr. 033/2011

(11) Neuer Schwung im Biomarkt
aus afz - allgemeine fleischer zeitung Nr. 34 vom 24.08.2011 Seite 005

(12) Bioprodukte lassen sich gut verkaufen
aus Lebensmittel Zeitung 33 vom 19.08.2011 Seite 004

(13) Bioprodukte: Nachfrage boomt
aus www.lebensmittelzeitung.net vom 15.08.2011

(14) Einzelhandel wirft vergleichsweise wenig weg
aus Lebensmittel Zeitung 38 vom 23.09.2011 Seite 028

(15) Preiseffekte pushen LEH-Umsätze
aus Lebensmittel Zeitung 31 vom 05.08.2011 Seite 006

(16) Kaufverweigerung und Beschwerden
aus Lebensmittel Zeitung 34 vom 26.08.2011 Seite 047

(17) Bier: Absatz leicht gestiegen
aus www.lebensmittelzeitung.net vom 28.07.2011

(18) Smarte Wertschöpfer

aus Lebensmittel Zeitung 38 vom 23.09.2011 Seite 064

(19) Gewissenhafter Umgang mit Lebensmitteln
aus afz - allgemeine fleischer zeitung Nr. 40 vom 05.10.2011 Seite 017

(20) afz-Ranking: Top 150 Unternehmen der Fleischwirtschaft
aus news aktuell, 2011-10-05

(21) Deutschlands größte Unternehmen in Zahlen: Porsche bleibt noch selbständig, Postbank geht in Deutscher Bank auf
aus Frankfurter Allgemeine Zeitung, 06.07.2011, Nr. 154, S. U2

Impressum

Branchenreport LEBENSMITTEL Ausgabe 2/2011

Bibliografische Information der deutschen Nationalbibliothek

Die Deutsche Nationalbibliothek verzeichnet diese Publikation in der deutschen Nationalbibliografie; detaillierte bibliografische Daten sind im Internet über http://dnb.d-nb.de abrufbar.

ISBN: 978-3-7379-1885-5

oder ähnliche Einrichtungen und die Einspeicherung und Verarbeitung in elektronischen Systemen.